야호! 신난다! 재잘재잘 역사여행

을지문덕과 살수대첩

고구려 영양왕 때 일이에요.
중국 수나라의 황제인 양제가
백만 명의 군사들을 이끌고 고구려를 공격해 왔어요.

을지문덕은 먼저 수나라 군대의 힘을 알아보려고 거짓 항복을 했어요. 먼 거리를 싸우며 온 수나라 군사들은 굶주리고 지쳐 있었지요. 간신히 되돌아온 을지문덕은 고구려 병사들에게 말했어요.

나의 거짓 항복을 수나라가 알아채고 공격해 올 것이니 철저히 준비해라!

드디어 수나라 군사들이 쳐들어 왔어요.
이상하게 고구려 군사들은 싸움이
붙을 때마다 계속 도망가기만 했어요.

수나라 군사들은 신이 나서
평양성 근처로 깊이 들어왔어요.
하지만 계속된 싸움에
점점 지쳐가고 있었지요.

둑을 쌓자!

이 때,
을지문덕은 모래 주머니로 '살수' 강의 위쪽에
둑을 쌓게 했어요.
군사 몇 명에게는 어부 옷을 입혔지요.

그런 후 수나라 장수 우중문에게
편지를 보냈어요.

그만하면 싸움에서
이긴 공이 높으니
그 정도에 만족하고
수나라로 돌아가라

우중문은 편지를 읽고,
을지문덕이 일부러 져주며 군사들을 지치게 한 것을 깨달았어요.

안 되겠다! 후퇴하라!

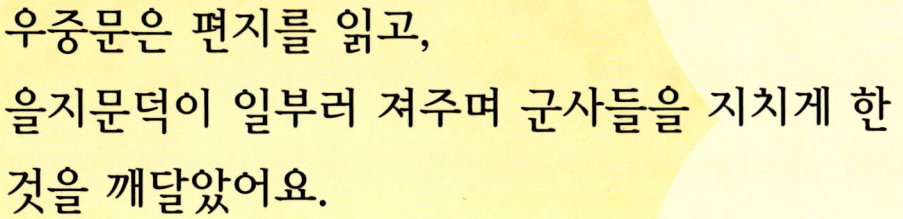

건널 수가 없어!

정신없이 도망치던
수나라 군이
'살수' 강에 도착했어요.
하지만 건널 수 있는 배가 없어
발만 동동 구르고 있었어요.

* 살수 : 오늘날 청천강. 북한의 평안남도와 평안북도를 가르며 서해로 흘러들어 가는 강이에요.

정신없이 강을 건너는
수나라 군사들을 보고
을지문덕이 소리쳤어요.

막았던 둑을
터뜨려라!

둑을 터뜨리자!

그러자 수나라 군사들을 향해 강물이 세차게 밀려왔어요.
강 한가운데를 지나던 수나라 군사들은 거센 물살에
허우적거렸고 비처럼 쏟아지는 화살을 피할 수도 없었어요.

마침내 고구려는 수나라의 별동대를 물리쳤어요.
을지문덕의 용기와 지혜, 군사들의 나라를 사랑하는
마음 덕분에 승리할 수 있었지요.
패배한 수나라는 결국
멸망하고 말았대요.

김유신과 삼국통일

김유신은 멸망한 금관가야의 후손이에요.
신라 귀족들은 이런 그를 무시하고 따돌렸어요.
마음을 잡지 못한 김유신은 서라벌에서 제일 예쁜 기생인
'천관'의 집을 찾아가 술을 마시며 놀았어요.

이 일을 알게 된
김유신의 어머니는
엄하게 꾸짖으며 말했어요.

장차 나라를 이끌 신라의 화랑이
기생의 집에 드나들며 무예와 학문을
게을리하면 되겠느냐!

죄송해요, 어머니. 이제 다시는
천관을 찾지 않고 무예와 학문을
열심히 익히겠습니다.

그러던 어느 날,
술에 취해 집으로 돌아가던 김유신이
말 위에서 잠이 들어 버렸어요.
문득 잠이 깬 그는 깜짝 놀랐지요.
말이 늘 하던 버릇대로 천관의
집으로 온 것이었어요.

여긴 천관의 집이잖아!

김유신은 어머니와의 약속을 되새기며
단 칼에 말의 목을 베었어요.
마음을 잡은 김유신은 무예와 책 읽기를
더욱 열심히 했대요.

고구려 장수가 삼지창을 휘두르며 무섭게 달려들었어요.
날쌔고 용감한 김유신은 재빠르게 그를 물리쳤지요.
사기가 오른 신라군의 공격에 고구려는 결국 항복하고 말았어요.

김유신은 낭비성 싸움의 영웅이 되어 돌아왔어요.
이제 신라 귀족들은 그를 무시할 수 없었지요.
절친한 친구였던 김춘추가
가장 기뻐해 주었대요.

군사를 지휘하는 법을 열심히 익힌 김유신은
신라 최고의 장군이 되었어요.
불행한 운명을 탓하기보다 자기의 꿈을 향해
최선의 노력을 다했기 때문에 가능한 일이었어요.

하나! 둘!!

용감한 김유신은 신라가 삼국을 통일하는 데에도 큰 역할을 했답니다.

신라와 태종 무열왕

김춘추는
선덕여왕의 조카예요.

신라가 백제와의 전쟁으로
어려움에 빠지자 도움을
청하러 고구려로 갔어요.
하지만 오히려 포로가 되고 말았지요.

으악!

간신히 도망쳐 나온 김춘추는
바다를 건너 멀리 있던 중국의
당나라로 향했어요.

뛰어난 외교술과 노력으로
당나라와 손을 잡을 수 있었지요.
그 후 왕이 된 김춘추는
태종 무열왕이라 불리며
나라를 튼튼하게 만들었고,
신라가 삼국을 통일할 수 있는
힘을 길러 주었어요.

하나의 민족임을 일깨워준 삼국 통일

신라는 백제와의 전쟁으로 어려움에 빠졌고, 당나라는 예전부터 고구려 땅을 차지하고 싶어 했어요.
그래서 두 나라는 손을 잡았어요.

힘을 합치세!

그럴까?

두 나라의 공격으로 백제와 고구려가 멸망하고 말았어요.
당나라는 신라 마저 차지하려고 욕심을 부렸지요.
하지만 지혜로웠던 신라의 문무왕은 백제,
고구려 백성들과 함께 당나라를 물리치고
삼국 통일을 이루었답니다.

우와~!
삼국이 통일됐어!

동쪽 바다의 용이 된 문무왕

욕심 많은 당나라와 싸워 삼국 통일을 이룬
신라의 문무왕이
죽음을 앞두고 말했어요.

> 내가 죽거든
> 나를 동해에 묻어라.
> 통일은 이루었으나 왜구들이
> 틈만 나면 바다를 건너와
> 백성들을 괴롭히는 것이 걱정이구나.
> 나는 죽은 뒤 동해의 용이 되어
> 왜구를 막겠다.

아바마마..

문무왕은 숨을 거두었고,
아들인 신문왕은 아버지의 뜻대로
동해의 커다란 바위에
무덤(대왕암)을 만들었어요.
그 후 신기하게도 신라는
오랫동안 평화를 누릴 수 있었대요.

장군 김유신묘

삼국 통일의 기반을 만든 김유신 장군의 묘